ADDITION
AU RECUEIL
DES NOUVELLES ORDONNANCES
DE LOUIS XV.

Sur les Affaires qui ſont de nature à être portées au Conſeil.

A PARIS,
Chez Pierre Prault, Imprimeur des Fermes & Droits du Roy, Quay de Gêvres au Paradis.

M. DCC. XL.

AVEC PRIVILEGE DU ROY.

DECLARATION DU ROY.

CONCERNANT les Evocations par rapport aux Affaires du Domaine.

Donnée à Verſailles le 3. Février 1739.

Regiſtrée au Parlement de Navarre le 4. Mars 1739.

LOUIS, PAR LA GRACE DE DIEU, ROY DE FRANCE ET DE NAVARRE: A tous ceux qui ces preſentes Lettres verront, SALUT. Noſtre Cour de Parlement, Comptes, Aydes & Finances de Navarre, Nous a repreſenté, que quoique nous ayons déclaré par l'Article XXII. du Titre premier de noſtre Ordonnance du mois d'Aouſt 1737. que les Affaires concernant noſtre Domaine, ne pourroient être évoquées ſur parentez & alliances; cette diſpoſition generale, qui eſt ſuffiſante pour les autres Cours de notre Royaume, demandoit une plus grande explication par rapport à la conſtitution particuliere de noſtredite Cour: Que comme dans les affaires de notre Domaine, elle réünit aux fonctions ordinaires des autres Chambres des Comptes, celles qui ſont attribuées aux Bureaux des Finances, elle a ſeule le droit de connoître immediatement, en premiere & derniere inſtance, des oppoſitions formées à la reception des Aveus & Dénombremens; mais que ceux qui les preſentent, & qui craignent ſouvent qu'on ne découvre les uſurpations qu'ils ont faites ſur notre Domaine, affectent, dans cette vûë, de ſuſciter des oppoſitions vagues & indéterminées, afin d'avoir un pretexte pour empêcher la verification de leurs Aveus, en faiſant ſignifier de leur chef, ou ſous le nom des oppoſans, des Cedules évocatoires, qui mettent noſtredite Cour hors d'état de pourvoir à la conſervation de nos Droits, avec la diligence & les connoiſſances néceſſaires pour le bien de notre ſervice; & qu'ainſi l'abus qu'on faiſoit de la voye de l'évocation en cette matiere, ne pouvant avoir lieu que dans notredite Cour, il étoit juſte de le reprimer par une loi particuliere, qui ajoûtât aux diſpoſitions de nos Ordonnances generales, les précautions que Nous jugerions les plus propres à le faire ceſſer. Et comme des repreſentations ſi importantes, Nous ont paru dignes de notre attention, Nous avons jugé à propos d'expliquer ſi clairement nos intentions ſur les juſtes bornes dans leſquelles la faculté d'évoquer les oppoſitions formées en noſtredite Cour, à la reception des Aveus & Dénombremens, doit être renfermée, qu'il ne ſoit plus poſſible d'en abuſer. Nous aurons en même temps la ſatisfaction de mettre cette Compagnie encore plus en état de nous donner de nouvelles preuves de ſon attachement à notre ſervice, & de ſon zéle pour la conſervation des Droits ſacrez de notre Couronne. A CES CAUSES, & autres à ce Nous mouvantes, de l'avis de notre Conſeil, & de notre certaine ſcience, pleine puiſſance & autorité Royale, Nous avons dit & déclaré, ſtatué & ordonné, & par ces Preſentes ſignées de notre main, diſons, déclarons, ſtatuons & ordonnons, voulons & Nous plaiſt ce qui ſuit.

ARTICLE PREMIER.

L'Article XXII. de notre Ordonnance du mois d'Aouſt 1737. par lequel Nous avons ordonné que les Affaires qui concernent notre Domaine, ne pourroient être évoquées, ſera executé ſelon ſa forme & teneur; & en conſequence, les oppoſitions formées en noſtredite Cour, à la reception des Aveus & Dénombremens, dans leſquelles les Droits de notre Domaine ſeront intereſſez, ne pourront être évoquées ſous pretexte de parentez ou alliances d'aucunes des Parties.

II. N'entendons empêcher que, lorſqu'il ne s'agira dans leſdites oppoſitions, que de l'intereſt particulier des oppoſans, ou autres Parties, l'Evocation ſur parentez & alliances ne puiſſe avoir lieu, pourvû qu'au ſujet deſdites oppoſitions, notre Procureur General n'ait fait aucune requiſition, ſoit par une Requeſte ou par ſes Concluſions, pour la conſervation des Droits de notre Domaine; & en outre, à la charge d'obſerver les formes qui ſeront ci-après marquées.

III. Leſdites oppoſitions ne pourront être formées que par une Requeſte, où les articles qui y donnent lieu, ſeront indiquez, & qui contiendra ſommairement les moyens d'oppoſition, laquelle Requeſte ſera ſignifiée tant à noſtredit Procureur General, qu'à ceux qui auront preſenté leſdits Aveus & Dénombremens: Voulons que, ſans avoir égard à toutes les oppoſitions qui n'auroient eſté formées que par un ſimple Acte, & nonobſtant la ſignification qui en auroit été faite, il ſoit paſſé outre à la verification & reception deſdits Aveus & Dénombremens, comme ſi leſdits Actes n'avoient pas été ſignifiez.

IV. Tous ceux qui prétendront être dans le cas de pouvoir évoquer leſdites oppoſitions, & les conteſtations qui en dépendent, ſeront tenus de faire ſignifier leur Cedule évocatoire, tant à notre Procureur General, qu'aux autres Parties intereſſées; ſans néanmoins qu'ils puiſſent le faire, ſi ce n'eſt un mois après la ſignification de la Requeſte à fin d'oppoſition, qui aura été faite, ſuivant l'Article précedent, à notre Procureur General & auſdites Parties, pendant lequel temps d'un mois, il ſera ſurcis au Jugement deſdites oppoſitions & conteſtations: & ſeront les diſpoſitions du preſent Article executées à peine de nullité.

V. Les évoquans ne pourront comprendre dans leurs Cedules évocatoires, que les conteſtations nées à l'occaſion des oppoſitions qui donneront lieu à l'évocation, ni faire ſignifier leſdites Cedules évocatoires, à d'autres Parties qu'à celles qui procederont avec elles ſur leſdites conteſtations: ſans que, ſous pretexte des parentez ou alliances qui donnent lieu à l'évocation, la reception de l'Aveu & Dénombrement, ni les oppoſitions formées par d'autres Parties, puiſſent être évoquées, ce qui ſera pareillement obſervé à peine de nullité.

VI. Voulons que dans tous les cas où il auroit été ſignifié des Cedules évocatoires contre les diſpoſitions portées par les Articles précedens, ou ſans obſerver les formalitez qui y ſont preſcrites, il ſoit paſſé outre en noſtredite Cour de Parlement, à l'inſtruction & au Jugement des cauſes & inſtances compriſes dans leſdites Cedules évocatoires; & ce nonobſtant leſdites Cedules qui ſeront regardées comme nulles & de nul effet, sans qu'il soit besoin d'obtenir aucun Arrest en notre Conseil à ce sujet. SI DONNONS EN MANDEMENT à nos amez & feaux les gens tenans notre Cour de Parlement, Comptes, Aydes & Finances de Navarre, qu'ils ayent à faire lire, publier & registrer ces Presentes, & le contenu en icelles garder & faire observer suivant leur forme & teneur, sans y contrevenir, ni souffrir qu'il y soit contrevenu en quelque sorte & maniere que ce puisse être: CAR tel est notre plaisir. En témoin de quoi Nous avons fait mettre notre scel à cesdites Presentes. DONNE' à Versailles, le troisiéme jour de Février, l'an de grace mil sept cens trente-neuf, & de notre Regne le vingt quatriéme. *Signé*, LOUIS. *Et plus bas*, Par le Roy. *Signé*, PHELYPEAUX.

Registrée, Oüi & ce requerant le Procureur General du Roy, pour être executée selon sa forme & teneur, & Copies collationnées envoyées aux Bailliages & Senechaussées du Ressort, pour y être lües, publiées & registrées : Enjoint aux Substituts du Procureur General du Roy d'y tenir la main, & d'en certifier la Cour dans le mois, suivant l'Arrest de ce jour. A Paris en Parlement le quatre Mars mil sept cens trente-neuf. Collationné.

Signé, *TONON.*

ARREST DU CONSEIL D'ESTAT DU ROY

Portant Reglement sur la forme de proceder aux Ventes & Adjudications qui se poursuivent au Sceau, ou en la grande Direction, ou pardevant des Commissaires nommés par Arrest du Conseil de Sa Majesté.

Du 3. Fevrier 1739.

Extrait des Registres du Conseil d'Estat.

LE Roy estant informé que dans les Ventes ou Adjudications d'Offices ou autres Biens, qui se poursuivent, soit au Sceau, ou en la Direction des Finances, soit dans les Commissions extraordinaires du Conseil, il s'est introduit des usages differens, qui donnent souvent lieu à des Procedures longues, inutiles, & dont les frais n'ont pas toûjours été renfermez dans de justes bornes, faute d'une regle fixe & uniforme; Sa majesté auroit jugé à propos de se faire rendre compte, tant de ce qui a été observé jusqu'à present à cet égard, que des moyens les plus propres à abreger les Procedures, & à retrancher les frais superflus: Et, après avoir pris l'avis de ceux de son Conseil, qui ont le plus d'experience en cette matiere, Elle a resolu d'expliquer ses intentions sur l'ordre qui sera observé à l'avenir, soit lorsque les Ventes & Adjudications seront poursuivies à la Requeste du Controlleur General des Restes & Bons d'Etats du Conseil, soit lorsqu'elles le seront à la Requeste d'autres parties; afin que l'expedition devenant plus prompte & moins onereuse aux Débiteurs & aux Créanciers, Sa Majesté remplisse un des principaux objets qu'Elle se propose, lorsqu'Elle se reserve, & à son Conseil, la connoissance de certaines affaires. A quoi voulant pourvoir, Oüi le Rapport du Sieur Orry, Conseiller d'Estat & ordinaire au Conseil Royal, Controlleur General des Finances, LE ROY ESTANT EN SON CONSEIL, a ordonné & ordonne ce qui suit.

ARTICLE PREMIER.

Dans toutes les Poursuites qui se feront, soit au Conseil, ou en la Direction des Finances, ou dans les Commissions extraordinaires du Conseil, pour parvenir à la vente & adjudication d'Offices ou autres Immeubles, l'Arrest ou Jugement par lequel ladite vente & adjudication aura été ordonnée, ne sera signifié qu'à la Partie sur laquelle la vente est poursuivie.

II. Après la signification portée par l'Article precedent, l'Avocat du Poursuivant, ou le Controlleur general des restes & bons d'Estats du Conseil, lorsqu'il aura la poursuite, dressera une seule affiche pour tous les Biens compris dans ledit Arrest ou Jugement, autres néanmoins, que les Offices, à la vente desquels il sera procedé sur une Affiche particuliere, & separement, ainsi qu'il est reglé par l'Article VI. de la Declaration du 17. Juin 1703.

III. L'Affiche contiendra le nom & l'élection de domicile de celui qui aura la poursuite, la datte de l'Arrest ou Jugement qui aura ordonné la vente, le nom du Débiteur, la qualité, la consistance & la situation des Biens qui doivent être vendus, les charges ausquelles l'adjudication doit en être faite, le lieu, le jour & l'heure auxquels les premieres encheres seront reçûës, soit conjointement ou separement : & sera ladite affiche signée seulement du Controlleur general des restes & bons d'Estats du Conseil, lorsqu'il aura la poursuite, ou s'il ne l'a pas, de l'Avocat du Poursuivant.

IV. Avant qu'il soit procedé à aucune opposition & publication de ladite Affiche, celui qui aura la poursuite, sera tenu de la faire signifier à l'Avocat du Débiteur ; & en cas qu'il n'en ait pas constitué, la signification de l'Affiche sera faite à sa personne ou domicile, avec sommation de constituer Avocat, avant le jour indiqué dans ladite Affiche pour la reception des premieres encheres ; laquelle sommation portera, que, faute par lui d'y satisfaire dans ledit temps, il sera passé outre à la vente & adjudication : ce qui sera executé, sans qu'il lui soit fait d'autre sommation, ni aucune signification ou dénonciation de Jugemens rendus, ou de procedures faites pour parvenir à ladite Adjudication ; le tout, jusqu'à ce qu'il ait constitué un Avocat.

V. Ladite affiche sera pareillement signifiée à chacun des Créanciers, dans le temps porté par l'Article précedent, sans néanmoins qu'elle puisse l'être qu'à ceux qui auront formé des oppositions ou des demandes, ou qui auront produit leurs titres ; & ladite signification sera faite à l'Avocat par eux constitué, ou s'ils n'en ont pas encore constitué, au domicile élu par lesdites oppositions.

VI. Celui qui aura la poursuite, sera tenu avant le jour indiqué pour la reception des Encheres, de faire apposer ladite Affiche, & de la faire publier par trois jours de Dimanche, de quinzaine en quinzaine consecutives ; le tout, en la maniere ordinaire, & aux jours & lieux requis & accoûtumez.

VII. En cas que dans la suite la reformation de l'Affiche soit ordonnée, l'Affiche reformée sera signifiee aux Créanciers, conformément à ce qui est prescrit par l'Article V. ci-dessus, comme aussi à l'Avocat du Débiteur, s'il en a constitué, sinon, il ne lui en sera fait aucune signification, suivant ce qui est porté par l'Article IV.

VIII. L'Affiche reformée sera apposée & publiée aux lieux requis & accoustumez, une fois seulement, avant qu'il puisse être procedé à l'adjudication définitive : & sera fait mention dans ladite Affiche, de l'Arrest ou Jugement qui en aura ordonné la reformation, lequel, au moyen de ce, ne pourra être signifié au Débiteur, ni aux Créanciers.

IX. En cas qu'il n'ait pû être procedé à l'Adjudication définitive dans les six mois, échûs depuis le dernier Procès-verbal d'apposition de l'Affiche, & qu'il soit jugé d'accorder encore une remise, il pourra être ordonné, s'il y échet, par l'Arrest ou Jugement qui prononcera ladite remise, que ladite Affiche sera apposée dans les lieux requis & accoûtumez ; une fois seulement, avant qu'il soit procedé à ladite adjudication ; sans néanmoins que sous ce pretexte, l'Affiche puisse être de nouveau signifiée au Débiteur ni aux Créanciers.

X. Il ne sera fait aucunes autres oppositions, publications, ni significations d'Affiches, que celles qui ont été ci-dessus marquées.

XI. Après que l'Affiche aura été signifiée, apposée & publiée, conformément à ce qui a été ordonné par les Articles IV. V. VI. VII. VIII. & IX. il en sera déposé au Greffe une copie, signée du Controlleur general des restes & bons d'Estats du Conseil, lorsqu'il aura la poursuite, ou, s'il ne l'a pas, de l'Avocat du poursuivant ; & les Encheres des Biens contenus dans ladite Affiche, seront reçûs en la forme ordinaire, au jour qui y aura été indiqué ; & ce, conjointement ou séparement, suivant ce qui sera jugé plus avantageux aux Parties interessées.

XII. Les remises qu'il y aura lieu d'accorder, seront ordonnées par Arrest ou Jugement sommaire, lequel ne sera signifié qu'au Débiteur ; & ce, seulement, lorsqu'il aura constitué un Avocat, auquel en ce cas, la signification sera faite ; & il ne sera signifié aux Créanciers qu'un simple Acte, portant que par ledit Arrest ou Jugement, l'adjudication a été remise aux jour & heure qui y sont marquez, en se conformant au surplus à ce qui est porté par l'Article V. & sera fait pareille signification dudit Acte, à l'Avocat du dernier encherisseur.

XIII. En cas que plusieurs Créanciers ayent constitué le même Avocat, les significations qui seront faites au domicile dudit Avocat, vaudront pour chacun desdits Créanciers, sans qu'il puisse être fait autant de significations qu'il y aura de Parties pour lesquelles ledit Avocat aura charge d'occuper.

XIV. Lorsque les Créanciers se seront unis & syndiquez par Acte dûement homologué, il ne pourra être fait aucunes significations, qu'à leurs Syndics ou Directeurs, ou qu'à l'Avocat plus ancien des Créanciers, si lesdits Syndics ou Directeurs ont la poursuite ; sans qu'en aucun desdits cas, il puisse être fait aucune signification particuliere à chacun des Créanciers compris dans ledit Acte, ou avec lesquels il auroit esté homologué.

XV. Les frais de publications d'Affiches, de remises & d'adjudication ; seront à la charge de l'Adjudicataire, qui sera tenu de les rembourser au Poursuivant, sur le pied qui suit, sçavoir, pour la rédaction de l'Affiche, à l'Avocat du poursuivant, quinze livres ; sans que ledit droit puisse être repeté à chaque nouvelle appofition ou publication d'Affiche.

Pour l'appofition & publication de ladite Affiche.

Par chacune des Affiches comprifes dans le Procès-verbal d'appofition ou de publication.

A l'Avocat du Pourfuivant, une livre, cy . . . . . . 1. liv.

A l'Huiffier, une livre, cy . . . . 1.

Sauf à augmenter le droit de l'Huiffier de vingt fols par lieuë, lorfqu'il aura efté obligé de fe tranfporter hors du lieu de fa refidence : fans que lefdits deux droits puiffent entrer dans la liquidation, pour plus de vingt-cinq Affiches, pour la Ville de Paris ; & à l'égard des autres lieux, pour plus grand nombre que celui qui fera jugé néceffaire lors de ladite liquidation.

Pour chaque copie fignifiée de ladite Affiche.

A l'Avocat du Pourfuivant, une livre, cy . . . . . 1. l.

A l Huiffier, fi la Signification a efté faite à domicile, une livre dix fols, cy . . . . 1. l. 10. f.

Si elle a été faite à Avocat, une livre, cy . . . . . . 1. l.

Sauf à augmenter le droit de l'Huiffier de vingt fols par lieuë, lorfqu'il aura été obligé de fe tranfporter hors du lieu de fa refidence.

Pour les vacations, à chaque publication, lors de la reception des Encheres ou de l'Adjudication, & ce, en quelque lieu qu'il y ait été procedé.

A l'Avocat du Pourfuivant, huit livres, cy . . . . 8. l.

A l'Huiffier du Confeil, dix livres, cy . . . . . 10. l.

Et à l'égard des Requeftes prefentées par le Pourfuivant, même des Requêtes en vû d'Arreft ou de Jugement, des expeditions & copies d'Arrefts ou Jugemens, & fignification d'iceux, des Actes de dénonciation, ou autres femblables, les droits en feront payez conformément à ce qui eft porté par le Titre XVI. de la feconde partie du Reglement du Confeil, dont les difpofitions feront fuivies pour tous les droits qui ne font pas reglez par le prefent Article : fans qu'il puiffe être exigé d'autres ni plus grands droits, que ceux ci deffus mentionnez, qui feront pareillement rembourfez au Controlleur general des reftes & bons d'Eftats du Confeil, lorfque la pourfuite aura été faite à fa Requefte, fi ce n'eft feulement, en ce qui concerne fes vacations, qui lui feront payées fur le pied de douze livres.

XVI. Les Regles & formalitez prefcrites par les Articles précedens, feront obfervées lorfqu'il aura été ordonné par Jugement rendu par des Commiffaires du Confeil, qu'il fera procedé au Bail Judiciaire des Biens du Débiteur, fi ce n'eft feulement, qu'il ne pourra être fait qu'une feule appofition d'Affiche, au lieu des trois publications mentionnées dans l'Article VI.

XVII. Le prefent Arreft fera executé, à peine de nullité des Procedures qui feroient contraires à fes difpofitions, lefquelles feront obfervées, à compter de ce jour, même pour les Procedures qui refteront à faire dans les Pourfuites commencées avant la date dudit Arreft, qui fera lû, publié & affiché par tout où befoin fera. FAIT au Confeil Royal des Finances, Sa Majefté y étant, tenu à Verfailles le troifiéme jour de Fevrier mil fept cens trente-neuf.

Signé, PHELYPEAUX.

ARREST
DU CONSEIL D'ESTAT DU ROY,

Portant Reglement sur les droits des Secretaires-Greffiers du Conseil, Greffiers Gardes-Sacs, Commis du Greffe, & Greffiers des Commissions extraordinaires.

Du 12. Septembre 1739.

Extrait des Registres du Conseil d'Estat.

VEU par le Roy, étant en son Conseil, l'Arrest rendu en icelui le 28. Juin 1738 par lequel Sa Majesté a ordonné, que dans deux mois pour tout délay, les Secretaires Greffiers du Conseil, les Greffiers Gardes-Sacs, les Commis du Greffe, & les Greffiers des Commissions extraordinaires dudit Conseil, seroient tenus de representer pardevant les Sieurs Commissaires y dénommez, les Edits & Declarations, Quittances de Finance, & autres titres attributifs des droits par eux prétendus pour les Expeditions du Greffe, remise & controlle des Productions, & autres sans exception; pour être par lesdits Sieurs Commissaires, dressé au sujet desdits droits, tel projet de Reglement & Tarif qu'ils aviseroient bon être, à l'effet d'y être pourvû par Sa Majesté, ainsi qu'il appartiendroit. Titres produits en conséquence, sçavoir, par les quatre Secretaires-Greffiers ordinaires du Conseil, Arrest du Conseil du 20. Aoust 1709. contradictoire entre lesdits Greffiers & les quatre Commis en chef dudit Greffe, d'une part, & le College des Avocats au Conseil, d'autre, par lequel Sa Majesté a ordonné l'execution de l'Edit de l'année 1597. de création des Offices de Greffiers du Conseil, & des autres Edits & Reglemens y énoncez; en consequence, que lesdits Greffiers & Commis joüiront des droits de presentation, attribuez à leursdits Offices, tant pour les Demandeurs que pour les Deffendeurs, & à cet effet, que les Avocats au Conseil de Sa Majesté seront tenus de se presenter au Greffe sur toutes les Assignations, & de payer ausdits Greffiers & Commis, trois livres pour chacun des Enregistremens des Cedules des Demandeurs & des Actes de constitution des Défendeurs; ordonne que ceux à qui il aura esté accordé des frais de voyage, seront tenus de payer au Greffe, pour les affirmations de leurs voyages, sejour & retour, les huit livres accoustumées être payées pour raison de ce, lorsqu'ils voudront faire alloüer leurs voyages, sejour & retour, dans les taxes de dépens: Edit du mois de Septembre de ladite année 1709. qui ordonne que conformément à l'Arrest dudit jour 20. Aoust, les Avocats au Conseil seront tenus de se presenter au Greffe sur toutes les Assignations, & de payer au Greffier & Commis trois livres pour chacune; dispense les Parties ou leurs envoyez, de faire au Greffe leurs affirmations de voyage, sejour & retour, mais ordonne qu'ils feront tenus de payer les huit livres accoûtumées pour raifon de ce, lorfqu'ils voudront faire alloüer lefdits voyages en taxe; veut que les Greffiers tiennent les Regiftres de *committitur* & de *fubrogatur* de Maiftres des Requeftes, pour chacun defquels il leur fera payé à l'ordinaire trois livres, & celui des Requeftes des Commiffaires des Confeillers d'Eftat, pour chacune defquelles Requeftes il leur fera payé à l'ordinaire neuf livres; qu'ils fignent tous les Arrefts d'inftruction, les Commiffions fur iceux, & les Executoires de dépens, pour chacun defquels il fera payé à l'ordinaire douze livres, fçavoir, fept livres dix fols au Greffier, & quatre livres dix fols au premier Commis en chef; Qu'ils fignent les Arrefts des Commiffions extraordinaires, & Actes de reprife d'inftances, pour chacun defquels Actes de reprife, au lieu de treize livres qui fe payoient alors, il ne fera payé à l'avenir que neuf livres; Qu'à l'égard des Actes de foumiffion de caution, de defaveu, infcription de faux, de comparution perfonnelle, & autres Actes, il en fera payé à l'ordinaire treize livres, pour chacun défaut de congé cinq livres; ordonne que les Arrefts en commandement pour les Parties, feront à l'ordinaire mis en parchemin audit Greffe, & que les droits en feront payez ainfi qu'il s'étoit pratiqué jufqu'alors; Que lefdits quatre Greffiers du Confeil feront tenus à l'avenir de garder les Minutes des Arrefts du Confeil, à l'effet de quoi Sa Majefté les crée en tant que de befoin, Gardes-Minutes defdits Arrefts, crée dans chaque quartier un Commis pour écrire les Arrefts, & autres Expeditions dudit Greffe, aufquels Sa Majefté attribuë dix fols par rolle; Et lefquels Offices de Commis, & les droits y attribuez, Sa Majefté réünit à ceux de Secretaires de fes Finances, Greffiers du Confeil, pour les faire exercer par qui bon leur femblera, avec faculté de les défunir & vendre. Eftat & Tarif de ce qui fe paye audit Greffe, fçavoir, pour chaque prefentation trois livres, dont deux livres pour le Greffier, & une livre pour les premiers Commis du Greffe; pour chaque affirmation de voyage huit livres, dont quatre livres dix-fept fols pour le Greffier, & trois livres trois fols pour lefdits premiers Commis; pour chaque Requefte de *Committitur*, au Greffier feul trois livres; pour celle des Commiffaire,s au Geffier feul, neuf livres; pour la fignature d'un Arreft du Confeil, pour celle d'un Arreft des Commiffions extraordinaires entre Parties, & pour celle des Arrefts en commandement entre Parties, douze livres, dont fept livres dix fols pour le Greffier, & quatre livres dix fols pour le premier Commis; pour la fignature des Commiffions fur lefdits Arrefts, douze livres, partageables comme deffus; pour celles des Executoires des dépens, douze livres, auffi partageables comme deffus; Pour chaque Acte de reprife d'Inftance, neuf livres, dont fix livres pour le Greffier, & trois livres pour le premier Commis; Pour chaque Acte de foumiffion de caution, de defaveu, d'infcription de faux, de comparution perfonnelle, & autres Actes, treize livres, dont fept livres quinze fols pour le Greffier, & cinq livres cinq fols pour le premier Commis; Pour chaque défaut cinq livres, dont deux livres dix-huit fols deux deniers pour le Greffier, & deux livres un fol dix deniers pour le premier Commis; Pour la recherche d'un Arreft d'une année anterieure à la courante, trois livres; Pour pareille recherche d'une declaration de dépens, trois livres, & pour la remife d'une declaration de dépens, trois livres. De la part des premiers Commis dudit Greffe du Confeil, l'Arreft du Confeil dudit jour 20. Aouft 1709. l'Edit du mois de Septembre fuivant, & un Etat de leurs droits,

tels

tels qu'ils sont énoncez dans celui remis par lesdits Greffiers du Conseil. De la part des Greffiers gardes-sacs & Controlleurs des Pieces & Productions aux Conseils de Sa Majesté, Edit du mois de Juillet 1578. de création d'un Greffier garde sac, aux droits, profits & émolumens dont avoient ci-devant joüi les quatre Secretaires-Greffiers du Conseil : Autre Edit du mois de Fevrier 1624. de création de trois autres Offices de Greffiers gardes-sacs, aux mêmes droits & émolumens que l'ancien. Autre Edit du mois de Mars 1631. de création d'un Office de Controlleur des Productions & de tous les Actes du Greffe, & Gardes sacs des Conseils de Sa Majesté avec faculté de percevoir le tiers des droits & émolumeus concedez & payez aux Greffiers gardes-sacs, & deux sols pour chaque rolle des Inventaires, avertissemens & écritures des Parties; Autre Edit du mois d'Avril 1645. de création de trois autres Offices des Controlleurs des Greffes, Gardes-sacs des Productions & Actes du Conseil, pour avec celui créé par l'Edit de Mars 1631. faire le nombre de quatre, & servir par quartier, aux droits pour lesdits quatre Offices, de trente-un sols pour chacune Production, au lieu de quinze sols six deniers, & de quatre sols par rolle des Inventaires, avertissemens & écritures, au lieu de deux sols attribuez à l'ancien par ledit Edit de Mars 1631. Estat contenant qu'en consequence des susdits Edits, lesdits Greffiers gardes-sacs & Controlleurs perçoivent depuis près de cent ans, quatre livres, tant pour l'enregistrement que pour le retrait de chaque Production, quatre livres pour l'expedition de chaque Acte qui se délivre dans leur Greffe, & quatre sols par rolle pour le droit de controlle de toutes les requestes, inventaires, avertissemens & autres écritures des Parties. De la part des Greffiers portes-sacs, l'Edit de Fevrier 1624. de création des Offices de Greffiers Gardes-Sacs, & d'un Commis sous eux, aux droits qu'ils lui voudroient attribuer du leur, & ledit Edit du mois d'Avril 1645. portant création de trois autres Commis Portes-Sacs, avec attribution de vingt sols pour chaque producton, tant à l'entrée qu'à la sortie. De la part des quatre Commis pour écrire les Expeditions du Conseil, l'Edit du mois de Septembre 1709. portant création dans chaque quartier d'un Commis pour écrire les Arrests & autres Expeditions du Greffe du Conseil, au lieu de ceux qui l'étoient alors par commission, ausquels Commis Sa Majesté attribuë les mêmes dix sols par rolle qui se payoient aux Commis qui écrivoient les Arrests & autres Expeditions du Greffe. Et de la part des Greffiers des Commissions extraordinaires du Conseil, Edit du mois d'Octobre 1712. portant création de cent Offices de Secretaires de la Chambre de Sa Majesté, lesquels seroient employez privativement à tous autres, pour Greffiers en toutes les executions des Commissions extraordinaires, aux droits y appartenans. Autre Edit du mois de Decembre 1625. de suppression desdits cent Offices de Secretaires de la Chambre de Sa Majesté, & création de trente-deux Charges de Greffiers des Commissions extraordinaires, avec attribution de mille livres de gages à chacun, & faculté de percevoir les mêmes droits & émolumens dont avoient joüi ceux qui avoient exercé & exerçoient encore alors les Greffes des Commissions extraordinaires, pour leurs vacations, voyages, écritures & expeditions des Contrats, Actes d'adjudications, Ordonnances de remboursement, & autres Actes, dont ils seroient payez suivant les Reglemens du Conseil : Autre Edit du mois de May 1657. de création de huit Offices de Greffiers des Commissions extraordinaires, aux mêmes gages & droits que les trente-deux créez par ledit Edit de Decembre 1645. Autre Edit du mois d'Aoust 1669. portant suppression de trente quatre des quarante Offices de Greffiers des Commissions extraordinaires du Conseil : Arrest du Conseil du 23. Juillet 1739, portant Reglement pour les droits de Greffe de la Commission de l'alienation des Domaines, ordonnée par Edit du mois d'Aoust 1708. contenant qu'il sera payé pour chacune enchere faite au Greffe, expedition, feüille & affiche, cinquante sols ; pareil droit pour l'Enregistrement de chacun Acte d'opposition & expedition ; pour chacune production sur opposition, port de sac au Rapporteur, quarante sols ; pour la remise des Pieces aux Parties, vingt sols ; pour la minute, signature & expedition de chacun des Jugemens des Sieurs Commissaires, quarante sols ; pour la Minute, Expedition & signature de chacun Extrait d'adjudication pour servir au Tresor Royal, & expedier les Quittances du prix des Adjudications, vingt sols ; pour chacun tiercement & doublement, une livre dix sols ; pour la minute, signature & expedition des Contrats de cinq cens livres & au-dessous, huit livres ; pour les Contrats depuis cinq cens livres jusqu'à mille livres, douze livres ; pour ceux depuis mille livres jusqu'à trois mille livres, seize livres ; pour ceux de trois mille livres jusqu'à cinq mille livres, vingt livres ; pour ceux depuis cinq mille livres jusqu'à dix mille livres, trente livres ; & pour les Contrats excedans dix mille livres, à quelque somme qu'ils puissent monter, cinquante livres : Etat ou Tarif des droits pretendus par lesdits Greffiers des Commissions extraordinaires du Conseil, outre ceux à eux attribuez par l'Arrest dudit jour 23. Juillet 1709. sçavoir, pour l'enregistrement de chacune Requeste à fin de faire commettre ou subroger un Rapporteur, quarante sols ; pour l'enregistrement de chaque production faite au Greffe, & pour le port de ladite Production chez le Secretaire du Rapporteur, quarante sols ; pour le retrait ou décharge de chaque Production, vingt sols ; pour la signature de chaque Jugement, ou Acte fait au Greffe, quatre livres ; pour l'expedition desdits Jugemens & Actes, dix sols par rolle ; pour la minutte & & expedition de chacun Procès verbal d'Adjudication de Biens de dix mille livres & au-dessous, cinquante livres ; pour ceux au-dessus de dix mille livres, à quelque somme qu'ils puissent monter, cent livres ; pour chaque vacation aux publications pour les Adjudications, huit livres ; pour l'Expedition & signature de chacune affiche pour lesdites Adjudications, cinq livres dix sols ; pour chaque vacation aux Scellez & Inventaires dans Paris, huit livres, & hors de Paris, seize livres ; pour l'Expedition des Procès-verbaux d'Inventaires, dix sols par rolle, & quatre livres de signature ; pour chaque vacation aux Procès-verbaux de Dépôt, remise de Papiers au Greffe, & communication d'iceux aux Parties, huit livres ; & pour l'Enregistrement de chaque opposition au Greffe, deux livres dix sols : & tout ce qui a été remis pardevers lesdits Sieurs Commissaires. Oüi le Rapport, LE ROY ESTANT EN SON CONSEIL, a Ordonné & Ordonne ce qui suit.

ARTICLE PREMIER.

Les Actes & Expeditions qui seront faites & délivrées au Greffe du Conseil des Parties, seront payées aux Greffiers dudit Conseil, au premier Commis du Greffe, aux Commis pour écrire les Arrests & autres Expeditions du Greffe, aux Greffiers Gardes-Sacs, & Controlleurs des Pieces & Productions du Conseil, & aux Commis Portes-Sacs, sur le pied reglé par le Tarif suivant.

SÇAVOIR:

Pour chaque Acte de presentation au Greffe, trois livres, dont deux livres au Greffier, & une livre au premier Commis, cy . . . 3. l.

Pour l'Expedition d'une Ordonnance de *committitur* d'un Rapporteur, au Greffier, trois livres, cy . . . . 3. l.

Pour l'Expedition d'une Ordonnance portant nomination de Commissaires pour la visite d'une Instance, au Greffier, neuf livres, cy . 9. l.

Pour Défaut levé au Greffe, cinq livres, dont deux livres dix-huit sols deux deniers au Greffier, & deux livres un sol dix deniers au premier Commis, cy . . . . 5. l.

Pour un Acte de reprise d'Instance, dans le cas où ladite reprise doit être faite au Greffe, neuf livres, dont six livres au Greffier, & trois livres au premier Commis, cy . . . . . . 9. l.

Pour la signature d'un Acte de desaveu d'inscription de faux, de soumission de caution, de comparution personnelle, & autres de pareille nature, non compris dans les Articles precedens, treize livres, dont sept livres quinze sols au Greffier, & cinq livres cinq sols au premier Commis, cy . . . . 13. l.

Pour la signature de l'Expedition d'un Arrest du Conseil, de quelque nature qu'il soit, douze livres, dont sept livres dix sols au Greffier, & quatre livres dix sols au premier Commis, cy . 12. l.

Pour un Arrest en Commandement entre Parties, douze livres, cy 12. l.

Pour la signature de l'Expedition d'une Commission sur Arrest, douze livres, dont sept livres dix sols au Greffier, & quatre livres dix sols au premier Commis, cy . . . . 12. l.

Pour le Certificat mentionné en l'Article XX du Titre XVI. de la seconde Partie du Reglement du Conseil, portant qu'il ne s'est presenté aucun Avocat sur l'assignation donnée pour la taxe de dépens, au Greffier, quatre livres, cy . . . . 4. l.

Pour la signature d'un Executoire de dépens, lorsqu'il y a eu séjour ou Voyage passé dans la declaration de dépens, vingt livres, dont douze livres sept sols au Greffier, & sept livres treize sols au premier Commis, cy . . . . 20. l.

Et lorsqu'il n'y a eu ni séjour, ni voyage passé dans ladite declaration de dépens, douze livres, dont sept livres dix sols au Greffier, & quatre livres dix sols au premier Commis, cy . . 12. l.

Pour le droit de recherche d'un Arrest ou d'une Declaration de dépens, d'une année anterieure à la courante, au Greffier trois livres, cy . . . . 3. l.

Pour la remise d'une declaration de dépens, à la Partie qui se pourvoit en revision de la taxe desdits dépens, au Greffier trois livres, cy . . . . 3. l.

Au Commis, pour écrire les Arrests & autres Expeditions du

Greffe, par chaque rolle des Arrests, Commissions, Actes de reprise d'Instance, & autres Expeditions du Greffe, de quelque nature qu'elles soient, dix sols, cy . . . . 10. f.
sans qu'il puisse, en aucun cas être exigé un plus grand nombre de rolles qu'il n'y en a réellement dans lesdites Expeditions.

Pour l'Enregistrement de chaque Production remise au Greffe, au Greffier garde-sacs, quatre livres, cy . . . . . 4 l.

Pour le Retrait de chacune desdites Productions, après le Jugement de l'Instance, audit Greffier, quatre livres, cy . . 4. l.

Pour le controlle de chaque Requeste qui doit être produite au Greffe, audit Greffier, par chaque rolle desdites Requestes, quatre sols, cy . . . . 4. f.

Pour un Certificat de non-produit, ou autres qui se délivrent par ledit Greffier, audit Greffier, quatre livres, cy . . . 4. l.

Pour le port des Productions faites au Greffe, chez le Rapporteur qui aura esté commis ou subrogé, au Commis porte-sacs pour chacune desdites Productions, une livre, cy . . . . . 1. l.

II. Les Actes & les Expeditions qui se feront & délivreront au Greffe des Commissions extraordinaires du Conseil, seront payées aux Greffiers desdites Commissions, sur le pied reglé par le Tarif suivant.

SÇAVOIR:

Pour l'Enregistrement des Productions au Greffe, lorsque les Parties jugeront à propos de les y remettre, & pour le port desdites Productions chez le Rapporteur de l'Instance, deux livres, cy . . . . 2. l.

Pour le Retrait desdites Productions, après le Jugement de l'Instance, une livre, cy . . . . 1. l.

Pour la Minute d'un Jugement de remise d'une Adjudication, trois livres, cy . . . . 3. l.

Pour la Minutte d'un Jugement d'adjudication, vingt-quatre livres, cy . . . . 24. l.

Pour chaque Acte d'opposition de soumission de caution, de dépôt de pieces ou d'affiches, de declaration de l'Avocat au profit d'un adjudicataire, d'acceptation de l'adjudication lorsqu'elle est faite séparement de ladite declaration, de desaveu, d'inscription de faux, ou autres Actes de pareille nature & qualité, y compris le droit de signature, quatre livres, cy . . . . . . 4.

Pour la signature d'un Jugement, de quelque nature qu'il puisse être, quatre livres, cy . . . . 4. l.

Pour l'Expedition desdits Actes & Jugemens, pour chaque rolle, dix sols, cy . . . . 10. f.
sans qu'en aucun cas il puisse être exigé un plus grand nombre de rolles, qu'il ne s'en trouvera réellement dans l'Expedition desdits Jugemens & Actes.

Pour l'assistance à un Procès-verbal de Scellé, d'Inventaire, ou autres, lorfque le Sieur Commiſſaire aura jugé à propos d'y appeller un des Greffiers, au lieu & place de ſon Secretaire, les mêmes droits que ceux qui ſeroient dûs audit Secretaire, ſuivant le Reglement du Conſeil.

SÇAVOIR:

Pour le Procès-verbal, lorſqu'il n'excedera pas ſix rolles, trois livres, cy . . . . 3. l.

Lorſqu'il excedera ſix rolles, par chaque rolle, dix ſols, cy . 10. ſ.

Et en cas que ledit Procès-verbal ait été dépoſé audit Greffe de la Commiſſion, il ſera payé au Greffier par chaque Expedition qui en ſera délivrée, ſçavoir, pour le droit de ſignature, quatre livres, cy . . . . 4. l.

Et pour chaque rolle, dix ſols, cy . . . . . 10. ſ.

III. Le papier & parchemin timbrez, qui auront été fournis pour les Minutes & Expeditions mentionnées dans les articles precedens, ſeront rembourſez outre & par deſſus les droits qui y ſont reglez, & ce ſur le pied porté par le Timbre.

IV. Les diſpoſitions contenuës en l'article VII. du Titre XIII. de la ſeconde Partie du Reglement du Conſeil, ſeront obſervées ſelon leur forme & teneur, tant à l'égard des Expeditions des Arreſts ou Jugemens qui ſeront expediez & délivrez dans les Greffes du Conſeil ou des Commiſſions extraordinaires, que pour ce qui concerne toutes autres Expeditions deſdits Greffes, de quelque nature qu'elles puiſſent être, leſquelles ſeront payées ſur le pied d'un rolle, encore qu'elles ne le contiſſent en entier, le tout ſous les peines portées par ledit article. Fait Sa Majeſté très-expreſſes inhibitions & défenſes à tous Greffiers du Conſeil, & à leurs Commis, & aux Greffiers deſdites Commiſſions, d'exiger d'autres ni plus grands droits que ceux portez par le preſent Arreſt, à peine de reſtitution du quadruple, & de telle autre condamnatin qu'il appartiendra ſuivant l'exigence des cas. FAIT au Conſeil d'Eſtat du Roy, Sa Majeſté y étant, tenu à Marly le douze Septembre mil ſept cens trente-neuf.

Signé, PHELYPEAUX.

www.ingramcontent.com/pod-product-compliance
Ingram Content Group UK Ltd.
Pitfield, Milton Keynes, MK11 3LW, UK
UKHW012311240726
13966UKWH00005B/1788

9 782011 923660